AF315358

9 mai 1901

VENTE APRÈS DÉCÈS

COLLECTION

DE

M. Hippolyte FORTIN

Ancien Maire de Vimoutiers

TABLEAUX MODERNES

DESSINS, AQUARELLES

18 Œuvres de E. BOUDIN

Mardi
Mercredi } Hopps Fortin Vte Jeudi 9 Mai

Mercredi
Jeudi } C. de Béhé " Vendredi 10 Mai

Jeudi
Vendredi } S. B. Samedi 11 Mai

Samedi
Dimanche } Azay-le-Rideau Lundi
ou
Mardi } 14 Mai

CATALOGUE

DES

TABLEAUX MODERNES

ET QUELQUES ANCIENS

Composant la

Collection de M. Hippolyte FORTIN

Ancien Maire de Vimoutiers (Orne)

Œuvres par

BEAUVERIE, G. BRILLOUIN, CABAT, CALS, CHINTREUIL,
COESSIN DE LA FOSSE, PAUL COLLIN, COROT, COURBET, DEHODENCQ,
E. DEVÉRIA, J. HÉREAU, CH. JACQUE, JONGKIND, LAPOSTOLET,
EUG. LAVIEILLE, LÉPINE, PIETTE, GUSTAVE RICARD, PH. ROUSSEAU,
JULES BOZIER, TABAR, TASSAERT, TRUTAT, VÉRON, VIGNON.

18 Tableaux et Aquarelle par Eug. BOUDIN

DONT LA VENTE AURA LIEU, APRÈS DÉCÈS

HOTEL DROUOT SALLE N° 6

Le Jeudi 9 Mai 1901

à deux heures et demie

COMMISSAIRE-PRISEUR	EXPERT
M° PAUL SCOTÉ	M. B. LASQUIN
85, rue Saint-Lazare	12, rue Laffitte

Chez lesquels on trouve le présent Catalogue

EXPOSITIONS

PARTICULIÈRE : *Le Mardi 7 Mai 1901, de 1 h. 1/2 à 5 h. 1/2.*
PUBLIQUE : *Le Mercredi 8 Mai 1901, de 1 h. 1/2 à 5 h. 1/2.*

Le présent Catalogue servira de Carte d'entrée à l'Exposition particulière

CONDITIONS DE LA VENTE

La vente sera faite au comptant.

Les acquéreurs paieront *dix pour cent* en sus, des prix d'adjudication.

L'exposition mettant le public à même de se rendre compte de l'état des objets, il ne sera admis aucune réclamation l'adjudication prononcée.

Paris. — Imprimerie de l'Art, E. Moreau et Cie, 41, rue de la Victoire.

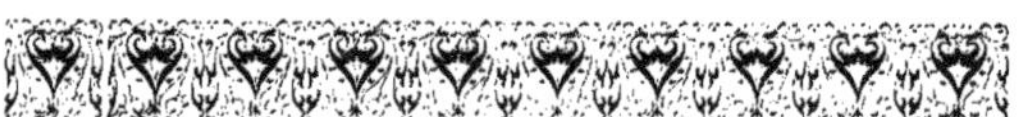

DÉSIGNATION

TABLEAUX
DESSINS ET AQUARELLES
MODERNES

ANTIGNA

1 — *Fleurs.*

Rose, géraniums et clochettes.

Signé au bas à gauche.

Toile. Haut., 60 cent.; larg., 44 cent.

BEAUVERIE

2 — *Bords de l'Oise.*

Le cours de la rivière s'étale contre une petite colline à droite, se prolongeant vers le fond.

A gauche, sur la rive, trois tombereaux près d'un tas de pierres meulières, en face d'une péniche amarrée.

A gauche, la dédicace: Amical souvenir à M. Cals.

C. BEAUVERIE.

Panneau. Haut., 24 cent.; larg., 48 cent.

BEAUVERIE

3 — *Paysage des bords de l'Oise.*

La rivière serpente au milieu d'un site boisé, sur le bord, une paysanne fait paître une vache.

Signature à droite et daté 1874.

Toile. Haut., 34 cent.; larg., 56 cent.

BERTHON (N.)

4 — *La Bretonne au rouet.*

Signature à gauche.

Toile. Haut., 50 cent.; larg., 40 cent.

BOUDIN (E.)

5 — *Le Port de Rotterdam.*

La vue est prise à l'intérieur du port traversé par un pont à quatre arches.

Au fond, la tour de la cathédrale domine les hautes maisons des quais où sont amarrés divers bateaux.

Signé au bas à gauche et daté de Rotterdam 1870.

Cette toile a figuré à l'Exposition de Caen en 1883.

Toile. Haut., 45 cent.; larg., 65 cent.

BOUDIN (E.)

6 — *La Seine, à Rouen.*

Un chaud soleil couchant dore le ciel parsemé de légers nuages et se réfléchit sur les eaux au milieu du fleuve.

A gauche près de la rive, trois voiliers.

E. BOUDIN

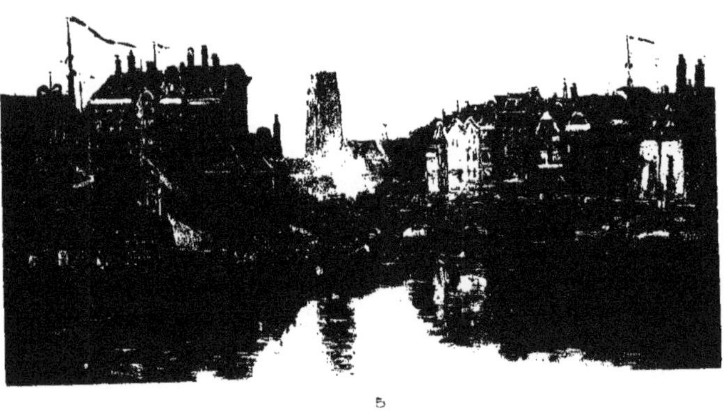

6

E. BOUDIN

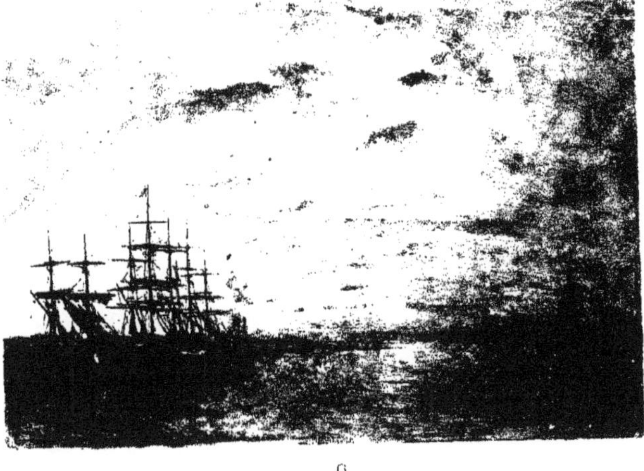

5

À droite, une barque montée par quatre hommes, et d'autres bateaux se découpent sur l'horizon.
Signé au bas à droite.
Panneau. Haut., 35 cent.; larg., 49 cent. 1 2.

BOUDIN (E.)

7 — *Les Hauteurs de Trouville.*

Au tournant d'une route gravissant les hauteurs et occupée par quatre promeneurs, la vue s'étend sur Trouville et Deauville en face, la côte au fond et la mer à droite. À gauche, sur la colline un petit château domine les maisons voisines.
Signature au bas à droite.
Panneau. Haut., 26 cent.; larg., 48 cent.

BOUDIN (E.)

8 — *La Plage de Trouville.*

De nombreux promeneurs : dames aux jupes à crinolines et des baigneurs sont réunis près de deux cabines, sur la plage ensoleillée.
Au bas, à droite, la signature E. Boudin et la date 1866.
Panneau. Haut., 21 cent.; larg., 35 cent.

BOUDIN (E.)

9 — *Intérieur breton.*

Une jeune paysanne, assise devant l'âtre, donne la bouillie à son bébé, qu'elle tient sur ses genoux ; à gauche, une cruche, une jatte et une tasse sur un escabeau.
Signature à droite.
Panneau. Haut., 22 cent.; larg., 27 cent.

BOUDIN (E.)

10 — *Un pardon en Bretagne.*

Des paysans occupent plusieurs tentes dressées dans un champ, non loin d'un village dont on aperçoit le clocher au fond du paysage.

Signature au bas à droite.

Ce petit tableau avec deux autres de cette collection a été choisi par Courbet qui avait conduit M. Fortin dans l'atelier de l'auteur à Trouville en 1865 : cette première acquisition a été l'origine de ses relations amicales avec Boudin.

Panneau. Haut., 18 cent.; larg., 40 cent.

BOUDIN (E.)

11 — *Vue de Vimoutiers.*

La vue est prise en amont du petit pont sur la Vie, dont les rives de verdure sont plantées d'arbres.

Signature au bas à gauche.

Ce tableau a été offert à M. Fortin par l'auteur en 1875.

Panneau, Haut., 28 cent.; larg., 32 cent.

BOUDIN (E.)

12 — *Vue de Vimont.*

Prise sur la route à l'entrée de la ville où se dresse un grand arbre à droite.

Signature au bas à droite et daté 75. A gauche, l'indication : à Vimont.

Panneau. Haut., 27 cent.; larg., 22 cent.

E. BOUDIN

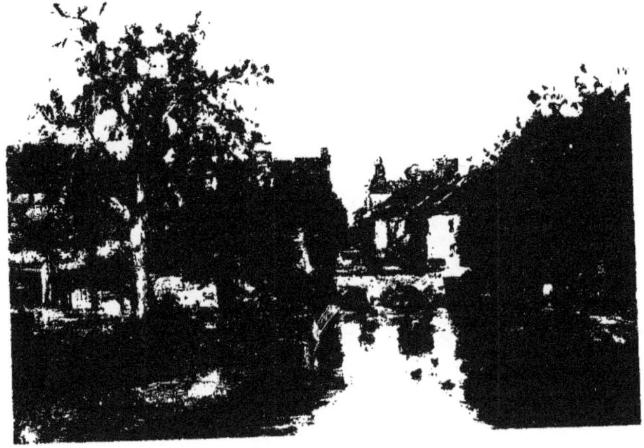

11

E. BOUDIN

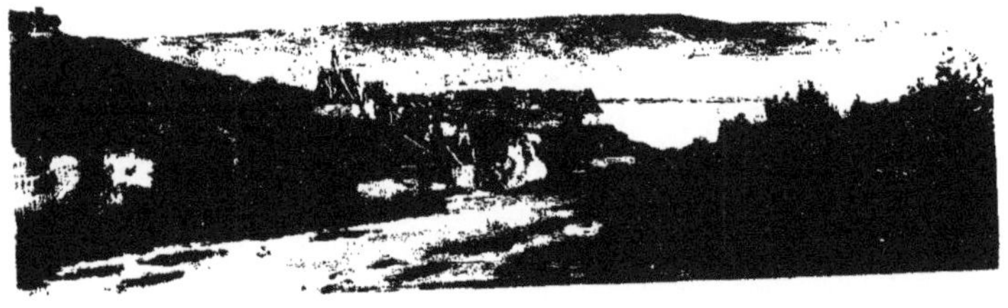

7

Phototypie Berthaud, Paris

BOUDIN (E.)

13 — *Le Port de Honfleur.*

C'est le moment du départ du vapeur, où de nombreux voyageurs embarquent.

Ciel couvert de nuages lumineux.

Signature au bas à droite.

Peinture sur carton.

Haut., 20 cent.; larg., 27 cent.

BOUDIN (E.)

14 — *La Rentrée du troupeau. (Deauville.)*

Près d'une chaumière entourée d'arbres, à gauche, un berger conduit un troupeau de moutons sur un chemin détrempé par la pluie.

Signature au bas à gauche.

Panneau. Haut., 24 cent.; larg., 32 cent.

BOUDIN (E.)

15 — *Le Marché de Honfleur.*

La petite place est encombrée de paysannes; à droite, contre une habitation, une marchande est assise au milieu de légumes et de citrouilles.

Panneau signé au bas à gauche.

Haut., 21 cent.; larg., 27 cent.

BOUDIN (E.)

16 — *Pêcheurs et Pêcheuses sur la plage de Scheveningue.*

Neuf pêcheurs ou pêcheuses, dont cinq debout

portant des paniers attendent le retour des barques.

Signé au bas à gauche et daté de Scheveningue, 1876.

Panneau. Haut., 16 cent.; larg., 24 cent.

BOUDIN (E.)

17 — *A l'ombre. (Berck.)*

Cinq pêcheuses attendent sur la grève. quatre d'entre elles sont assises à l'ombre formée par l'avant d'un bateau échoué.

Signature au bas à gauche; à droite, l'indication à Berck.

Panneau. Haut., 16 cent.; larg., 24 cent.

BOUDIN (E.)

18 — *Les Lavandières.*

Au fond du port de Trouville près d'un bateau de pêche échoué, des laveuses accroupies dans leurs bennes au bord de l'eau, et plusieurs pêcheurs.

Au bas à droite, les initiales E. B. et la date 1863.

Panneau. Haut., 17 cent.; larg., 25 cent.

BOUDIN (E.)

19 — *Petite Vue de Honfleur.*

Sur un quai, plusieurs figures près d'une barque renversée; dans le port deux bateaux de pêche appareillent pour prendre la mer.

Au bas, à droite, les initiales E. B.

Peinture sur carton.

Haut., 18 cent.; larg., 25 cent.

BOUDIN (E.)

20 — *Perroquet et fruits.*

Sur des marches de pierre et à terre, sont posés une corbeille de pommes, des pastèques, un potiron et des tomates, près desquels un perroquet rouge.

Signé des initiales E. B. au bas à droite.

Panneau. Haut., 27 cent.; larg., 21 cent.

BOUDIN (E.)

21 — *Marguerites.*

Étude.

Panneau. Haut., 32 cent.; larg., 24 cent.

BOUDIN (E.)

22 — *Promeneurs sur la plage de Trouville.*

Aquarelle avec dédicace « à M. Hte Fortin, souvenir de Trouvillle, septembre 1865, E. Boudin. »

Haut., 19 cent.; larg., 29 cent.

BRILLOUIN

23 — *Le Vin du couvent.*

Deux reîtres, en costumes Louis XIII, vident des coupes remplies de vin, qu'ils semblent fort apprécier; l'un est assis, l'autre debout; à terre, une cruche, un flambeau, des in-folios et une chaise renversée; sur un buffet, deux bouteilles et d'autres livres.

Signature à droite.

Panneau. Haut., 30 cent.; larg., 24 cent.

BRILLOUIN

24 — *Les Buveurs.*

Deux buveurs, en costumes Louis XV, sont attablés à l'intérieur d'un cabaret et causent à un troisième personnage accoudé du dehors sur l'appui d'une fenêtre.

Signature à droite.

Panneau. Haut., 28 cent.; larg., 23 cent.

CABAT (Louis)

25 — *Paysage des environs de Naples.*

Signé des initiales au bas à gauche.

Toile. Haut., 33 cent.; larg., 51 cent.

CALS

26 — *Une Pauvre Femme.*

Paysanne portant du bois mort.
Effet de brouillard.

Signature à gauche et date 1835.

Cette œuvre est la première exposée au Salon, par l'artiste, en 1835.

Toile. Haut., 47 cent.; larg., 38 cent.

CHINTREUIL

27 — *Paysage; soleil couchant.*

Panneau. Haut., 15 cent.; larg., 30 cent.

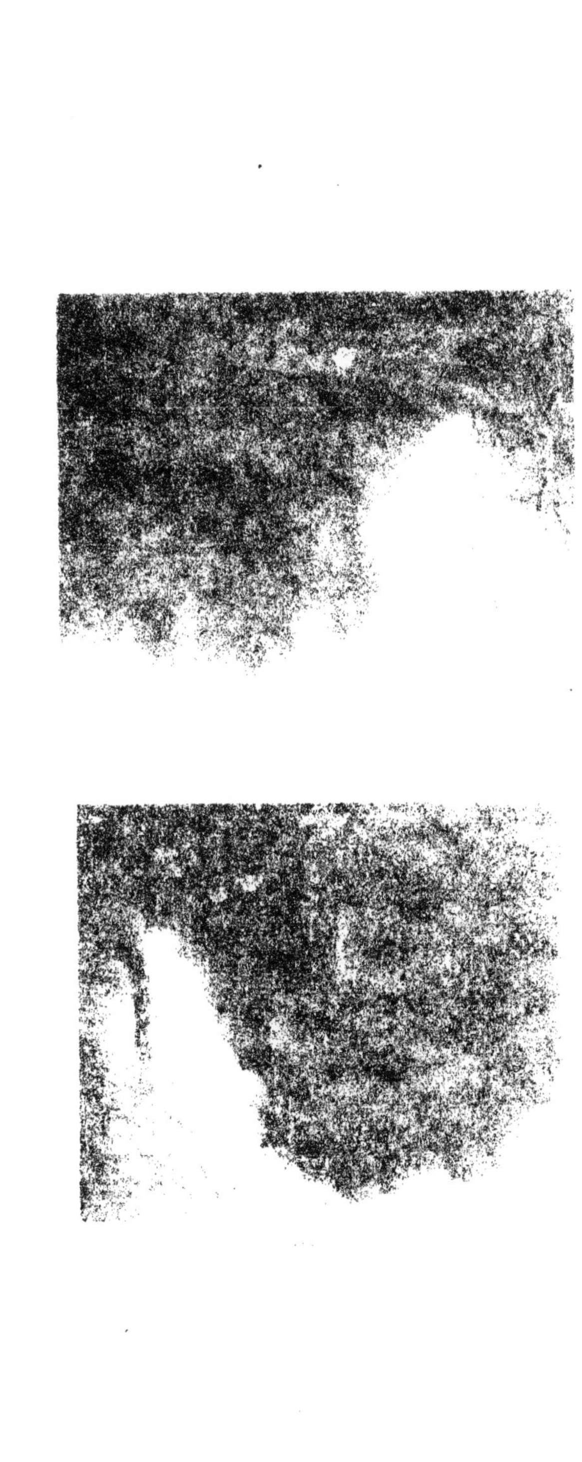

COROT

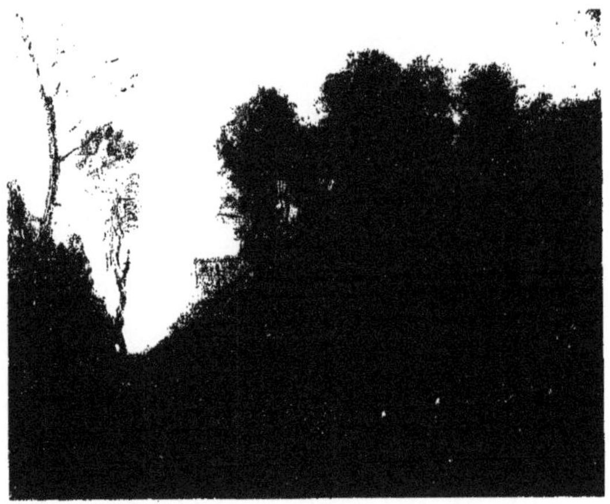

31

COROT

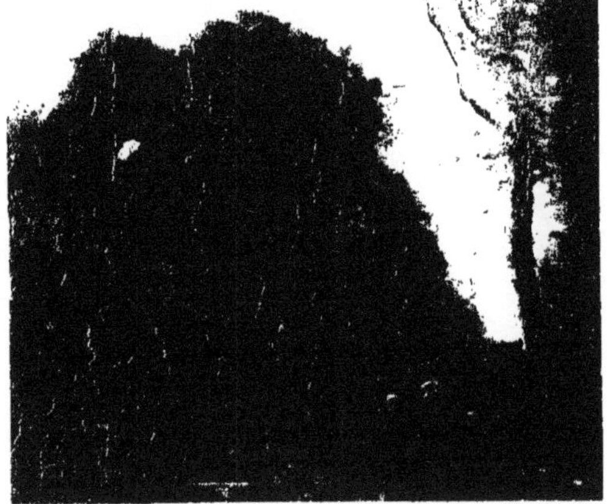

30

Photot par Bulloz, Paris

COESSIN DE LA FOSSE

28 — *Retour de pêche.*

Toile. Haut., 46 cent.; larg., 57 cent.

COLLIN (Paul)

29 — *L'Abreuvoir.*

Trois vaches, sous la conduite d'un paysan, s'abreuvent à une mare, où se reflètent la lumière du soleil couchant et l'ombre de grands arbres.

Signature à gauche.

Toile. Haut., 30 cent ; larg., 40 cent.

COROT

30 — *Le Matin.*

La clarté du soleil levant apparaît derrière un petit vallon accidenté et boisé, à l'extrémité duquel une habitation. Deux figures occupent ce paysage empreint de poésie.

Peinture sur panneau de porte.

Haut., 19 cent.; larg., 24 cent. 1/2.

COROT

31 — *Le Soir.*

Un cavalier suit un chemin à travers une forêt sombre.

A droite, les lueurs du soleil couchant illuminent le fond d'une clairière.

Peinture sur panneau de porte.

Haut., 20 cent.; larg., 24 cent.

COURBET (Gustave)

32 — *Paysage, bord d'une rivière.*

Le soleil éclaire vivement un bâtiment de ferme et une allée de verdure plantée de saules au bord d'une rivière.

Au fond de l'allée, deux dames en promenade.

Dans l'ombre projetée par les arbres, au premier plan, plusieurs poules picorent dans l'herbe.

Signature au bas à droite en rouge.

Ce tableau a été choisi par le peintre Boudin dans l'atelier de Courbet qui avait mis plusieurs tableaux à la disposition de M. Fortin, à la suite d'un déjeuner offert à ce dernier.

M. Fortin voulut payer ce tableau, mais Courbet n'en accepta qu'un prix très modeste. Il a été envoyé en 1882 à l'Exposition des œuvres de Courbet qui eut lieu aux Beaux-Arts.

Toile. Haut., 50 cent.; larg., 60 cent.

COUTURIER

33 — *Coq, poules et canards, dans une cour.*

Signé à gauche.

Bois. Haut., 24 cent.; larg., 32 cent.

DEHODENCQ (Alfred)

34 — *Portrait d'une Petite Fille.*

En buste, de face, le visage encadré dans une chevelure blonde, elle regarde le spectateur. Elle

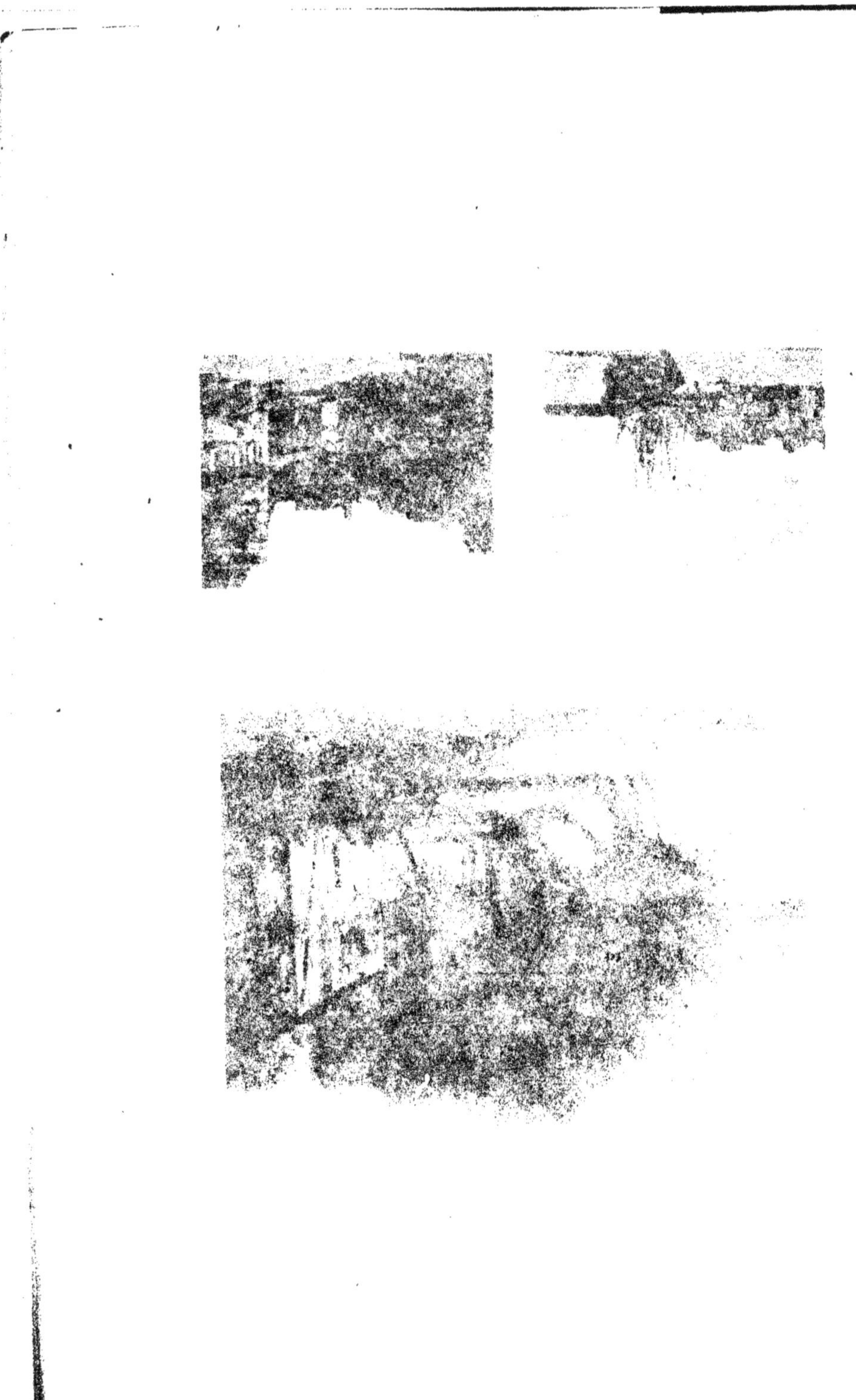

G. COURBET

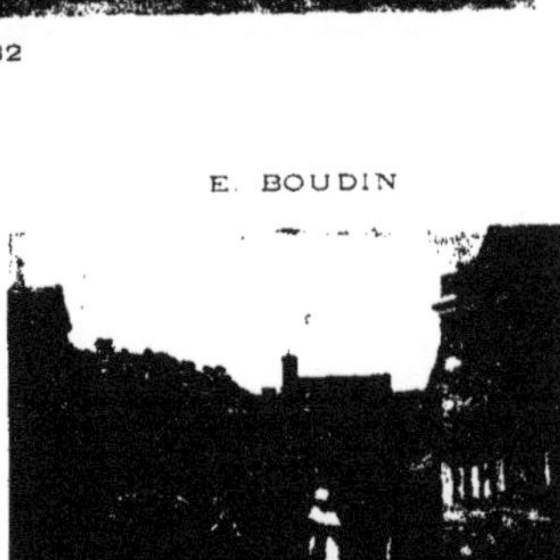

32

E. BOUDIN

13

E. BOUDIN

15

Phototypie Berthaud, Paris

est vêtue d'une robe bleue garnie d'une collerette blanche.

Très belle peinture signée à gauche en rouge.

Toile carrée, cadre à vue ovale.

Haut., 65 cent.; larg., 57 cent.

DEHODENCQ (A.)

35 — *Portrait de Paul Hamon, artiste peintre.*

À mi-corps, vêtu d'une vareuse rouge, le bras droit accoudé sur un livre; la tête découverte, avec fines moustaches blondes, appuyée sur la main; il tient sa palette et ses pinceaux de l'autre main.

Signé des initiales A. D. sur le dos du livre.

Toile carrée, cadre à vue ovale.

Haut., 80 cent.; larg., 64 cent.

DEHODENCQ (A.)

36 — *Moine assis.*

Étude peinte.

Carton. Haut., 40 cent.; larg., 29 cent.

DESHAYES (E.)

37 — *Paysage des bords de la Seine ; effet d'orage.*

Signé à gauche.

Panneau. Haut., 16 cent.; larg., 29 cent.

DEVÉRIA (Eugène)

38 — *Scène d'inondation dans le Midi.*

Une famille composée de six personnes, qui se sont réfugiées sur le toit de leur maison, appellent à leur secours.

Composition dramatique.

Signature à droite.

Panneau. Haut., 56 cent.; larg., 46 cent.

HAMON (Paul)

39 — *Paysage ; clair de lune.*

Forme ovale.

Signé à gauche.

Haut., 40 cent.; larg., 32 cent.

HAMON (Paul)

40 — *Portrait de Trutat, artiste peintre.*

Toile carrée, cadre ovale.

Haut., 46 cent.; larg., 38 cent.

HÉREAU (Jules)

41 — *La Charrette de foin ; temps de pluie.*

Signé à gauche et daté de 65.

Peinture sur carton.

Haut., 19 cent.; larg., 35 cent.

JONCKIND

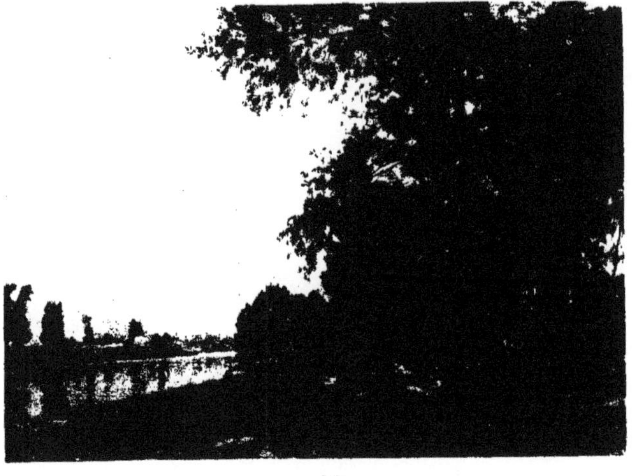

45

S. LÉPINE

50

HÉREAU (Jules)

42 — *Le Moulin à vent.*

Paysage. Soleil couchant.

Signé des initiales à droite.

Panneau. Haut., 20 cent.; larg., 14 cent.

HUET (Paul)

43 — *Paysage.*

Aquarelle signée.

Haut., 15 cent.; larg., 15 cent.

JACQUE (Ch.)

44 — *L'Approche de l'Orage.*

Un troupeau de moutons, sous la garde d'un berger, broute dans une plaine coupée par un rayon de soleil éclairant quelques grands arbres. Le ciel, chargé de nuages gris, annonce l'approche d'un violent orage.

Signature à gauche.

Au revers, l'indication suivante de la main de l'artiste : « Mars 1868 ne vernir que dans un an Ch. J. »

Panneau. Haut., 14 cent.; larg., 33 cent.

JONGKIND

45 — *Fardier sur une route.*

Un fardier, attelé de trois chevaux, est arrêté sur une route dans un paysage vivement éclairé par la lune.

A droite, une femme debout devant une maison
où l'on aperçoit une lumière.
Belle qualité du maître.
Signature au bas à droite et daté 61.

Toile. Haut., 25 cent.; larg., 33 cent.

LAMBERT (A.)

46 — *Paysage des bords de la Loire.*

Signature à droite.

Toile. Haut., 34 cent.; larg., 62 cent.

LAPOSTOLET

47 — *Vue sur la Seine, aux environs de Rouen.*

Des bateaux voiliers sont amarrés à droite.
Signature à gauche.

Toile. Haut., 38 cent.; larg., 46 cent.

LAVIEILLE (Eugène)

48 — *Saules aux environs de Moret-sur-Loing;
effet du matin.*

Paysage avec troupeau de moutons.
Signé à gauche et daté de 1873.
Ce tableau a figuré à l'Exposition de Caen en 1883.

Panneau. Haut., 31 cent.; larg., 61 cent.

LAVIEILLE (E.)

49 — *Arsy-sur-Estrée, Saint-Denis (Oise).*

Entrée du village.
Signé au bas à gauche.

Toile. Haut., 31 cent.; larg., 47 cent.

LÉPINE

50 — *Paysage de Saint-Ouen (Seine).*

La Seine coule à gauche dans un paysage ensoleillé.

Sur la rive, quelques figures et un groupe de canards à l'ombre des grands arbres.

Signature à droite : *S. Lépine.*

Toile. Haut., 28 cent.; larg., 37 cent.

LÉPINE

51 — *Bords de l'Orne, à Clopée, près Caen.*

La rivière traverse le paysage, au fond duquel des maisons sont à demi-cachées dans la verdure. A droite, une paysanne à l'ombre d'un arbre touffu.

Signature au bas à droite.

Toile. Haut., 20 cent.; larg., 33 cent.

MÉNARD (René)

52 — *La Vallée de la Touques.*

Divers bestiaux occupent le bord de la rivière; fond de collines et ciel chargé de nuages.

Signature à droite.

Toile. Haut., 34 cent.; larg., 58 cent.

MONNIER (Henry)

53 — *Homme assis.*

Dessin au crayon.

Signé : Henry Monnier 30 août 1847.

Haut., 25 cent.; larg. 17 cent.

PIETTE

54 — *Paysage d'Automne en Normandie.*

Une fillette et un enfant suivent un chemin creux, bordé d'arbres.

Signature à gauche, avec l'indication avril 64 à droite.

Toile. Haut., 73 cent.; larg., 61 cent.

PIETTE

55 — *Cour de ferme, paysage.*

Signé des initiales à gauche.

Panneau. Haut., 26 cent. ; larg , 35 cent.

PIETTE

56 — *Assiettes de prunes.*

Signature à gauche.

Panneau. Haut , 25 cent.; larg., 35 cent.

REYNAUD (F.)

57 — *Les Chiens savants.*

Un jeune pifferaro, portant un singe et un tambourin, fait travailler trois chiens savants; deux garçons, montés sur un parapet, regardent cette scène.

Signature à gauche et date 57.

Panneau. Haut., 41 cent.; larg., 32 cent.

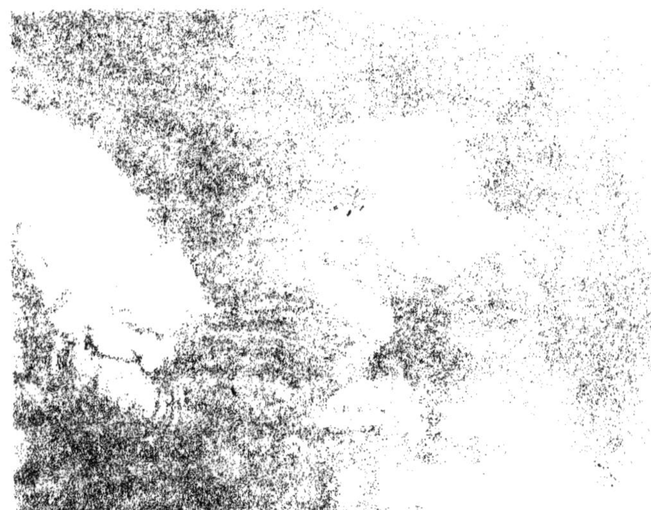

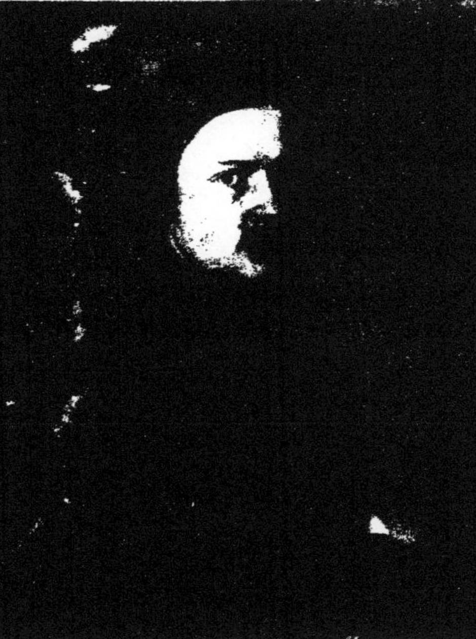

G. RICARD

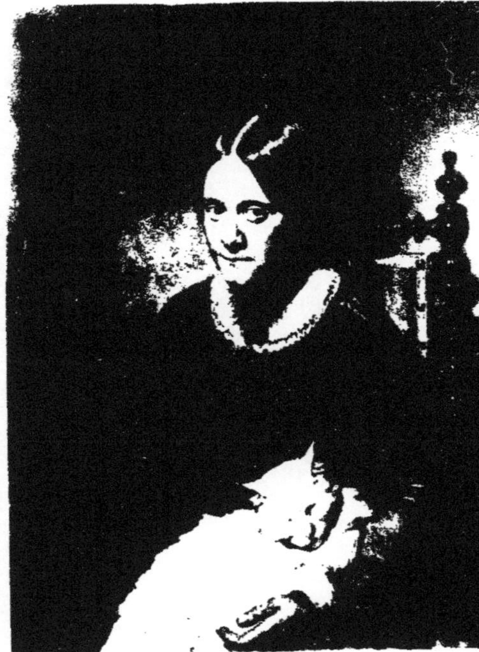

FÉLIX TRUTAT

Photogr. Berthaud Paris

RICARD (Gustave)

58 — *Portrait de Hamon (Pierre-Paul), artiste peintre.*

Représenté en buste, tourné de trois quarts à droite, la tête découverte, le regard fixant le spectateur, la main droite passée dans sa redingote boutonnée.

Signé au bas, à gauche, sur la base d'une colonne *G. Ricard* et daté de 1843.

« Ce portrait fait par Ricard, à son retour de Rome, dans l'atelier de Hamon en 1843, s'était trouvé égaré. Après la mort de Hamon, il fut retrouvé par M. Fortin, couvert de poussière, chez une tante de ce dernier qui le lui offrit, mais il n'était pas signé, et Madame veuve Hamon, ratifiant le cadeau fait par sa tante, invita M. Fortin à l'apporter à Paris pour le faire signer par Gustave Ricard ; ce grand artiste, à la vue de ce portrait qui lui rappelait ses jeunes années, manifesta son enthousiasme et ses regrets d'avoir changé de manière, et pria M. Fortin de le lui laisser quelques semaines pour lui permettre de se retremper dans la vue de ce portrait. Il y ajouta une colonnette, le data et le signa au pied. » (Notice de M. Fortin).

Toile. Haut., 65 cent.; larg., 54 cent.

RICARD (Gustave)

59 — *Tête de Jeune Alsacienne, de profil à droite.*

Esquisse sur toile, collée sur carton.

Haut., 19 cent.; larg., 15 cent.

RICARD (Gustave)

60 — *Tête d'Alsacienne coiffée d'un fichu, de profil à gauche.*

Esquisse sur toile, collée sur carton.

Ces deux proviennent aussi de Mme Hamon.

Haut., 19 cent.; larg., 15 cent.

ROUSSEAU (Ph.)

61 — *Lapins dans un cellier.*

Signature à gauche.

Panneau. Haut., 14 cent.; larg., 19 cent.

ROZIER (Jules)

62 — *Plage à marée basse, aux Roches-Noires, près Trouville.*

Une barque échouée à gauche et un pêcheur au premier plan ; plus loin vers les falaises, une charrette attelée de deux chevaux.

Signature à droite et date 1865.

Panneau. Haut., 22 cent.; larg., 39 cent.

SALMON (Ch.)

63 — *Laveuse.*

Dessin rehaussé de couleur.

Haut., 32 cent.; larg., 24 cent

TABAR

64 — *Le Moulin à vent.*

Situé sur une éminence dans un pré, il se détache sur un ciel embrasé, éclairant tout le fond du paysage.

Signature au bas à gauche.

Toile. Haut., 27 cent.; larg., 35 cent.

TASSAERT

65 — *Enfants égarés dans une forêt.*

Deux enfants se tiennent enlacés au pied d'un grand arbre et manifestent leur terreur à l'approche de la nuit.

Près d'eux, leur panier contenant des pêches est renversé.

Au fond, une jeune femme précédée d'un chien accourt à leur recherche.

Signature à gauche.

Toile. Haut., 33 cent.; larg., 25 cent.

TASSAERT

66 — *L'Enfant au bain.*

Une jeune femme en robe rose est assise au bord de l'eau et contemple son enfant nu jouant avec un chien engagé dans la rivière.

Pastel signé des initiales à gauche.

Haut., 26 cent.; larg., 21 cent.

TRUTAT (Félix)

67 — *Portrait de Mme Paul Hamon. (La Dame au chat.)*

A mi-corps, assise sur une chaise à haut dossier en bois tourné, garni de velours bleu. Vêtue d'une robe froncée aux épaules avec collerette plissée ornée d'une broche ; la chevelure noire lissée en bandeaux, le regard fixe presque de face, elle tient un chat blanc endormi sur ses genoux.

A gauche, une draperie brune.

Ce portrait se détache sur un fond verdâtre et paraît éclairé par la lumière d'une lampe.

Signature au bas à gauche, répétée en haut à droite.

« Ce portrait, connu dans les ateliers sous le nom de *la Dame au chat*, est décrit très exactement dans une brochure publiée en 1887 par M. Chabeuf, membre de l'Académie de Dijon, sur le peintre *Trutat*, mort à vingt-quatre ans dans cette ville. Cette brochure fort intéressante raconte l'œuvre, la vie, les succès et les tribulations de ce malheureux artiste, dont le talent fut constaté en 1846 par Théophile Gautier. » (Notice de M. Fortin).

Le don récent fait au musée du Louvre par M. Gaston Joliet, préfet de la Vienne, du tableau de Trutat, *la Bacchante*, qui avait figuré à l'exposition centenale de 1900, a mis en relief le nom de cet artiste. Le portrait de Mme Hamon figurant dans cette collection présente donc un réel intérêt d'actualité.

Toile. Haut., 80 cent.; larg., 65 cent.

VÉRON (A. R.)

68 — *Vue de Pontoise ; soleil couchant.*

La vue est prise de la rive gauche de l'Oise, deux péniches sont amarrées au quai.

Signature à droite.

Toile. Haut., 33 cent.; larg., 55 cent.

VIGNON

69 — *Pacage de moutons.*

Un troupeau d'une quinzaine de moutons occupent un chaume sous la garde d'un berger et de son chien.

Le fond du paysage est formé par une petite colline boisée où se trouvent des puits de carrière.

Signature à gauche.

Toile. Haut., 30 cent.; larg., 55 cent.

TABLEAUX

ET DESSINS ANCIENS

DANLOUX

70 — *Portrait de Femme, de profil à droite.*

Dessin rehaussé de gouache, signé à droite.

Cadre ancien de forme ovale,

Haut., 19 cent.; larg., 16 cent.

HAMILTON

71 — *OEillet, lézard et papillons.*

Panneau. Haut., 22 cent.; larg., 30 cent

LARGILLIÈRE (Attribué à)

72 — *Portrait de Femme.*

A mi-corps, en robe rouge et manteau de brocart elle tient une palme de la main droite et une épée de l'autre main.

Toile. Haut., 58 cent.; larg., 46 cent.

MIGNARD (École de)

73 — *Portrait de Femme.*

Représentée assise, vêtue d'un riche costume et tenant une corbeille de fleurs.

Toile. Haut., 86 cent.; larg., 76 cent.

MOREAU (Genre de Louis)

74 — *Petit Paysage avec figures.*

Haut., 19 cent.; larg., 22 cent.

W. (Monogramme)

75 — *Paysages animés de figures et traversés par des torrents.*

Deux gouaches dans la manière de Louis Moreau.

Haut., 23 cent.; larg.; 28 cent.

www.ingramcontent.com/pod-product-compliance
Ingram Content Group UK Ltd.
Pitfield, Milton Keynes, MK11 3LW, UK
UKHW031758170726
13836UKWH00003B/1031